Fra hånden til ånden

Skriv dine drømme til live med
Loven om Tiltrækning

FRA HÅNDEN TIL ÅNDEN – skriv dine drømme til live med Loven om Tiltrækning

Omslag: Sara Kornerup Fog, www.magicalart.dk

Korrektur: Nanna M. R. Nielsen

Foto af Bettina: Calin Strajescu

Printed at BOD, Germany in 2024

Forlag: BoD - Books on Demand, Hellerup, Danmark

1. udgave, 1. oplag

ISBN: 9788743058014

www.bettinamollerjensen.dk

Focus & Flow – Skolen for konkret anvendelse af Loven om Tiltrækning

v. Bettina Møller Jensen

Tryk: BoD – Books on Demand, Norderstedt, Tyskland

Af samme forfatter

Glædelig jul med Loven om Tiltrækning – 7 konkrete strategier til at skabe en magisk jul uden stress med dem du holder af (2023)

Sorgen er et knust hjerte – men du græder aldrig for evigt (2023)

De 9 nøgler du bør kende, når du læser englekort (2022)

Loven om Tiltrækning for børn (2020)

Taknemmelighed med Loven om Tiltrækning (2019)

10 Fortryllende fortællinger fra Loven om Tiltrækning (2019)

Det starter med tak – opdag genvejene, der løfter din vibration (2018)

365 kærlige kindheste fra Loven om Tiltrækning (2018)

Visionboard – Sådan gør du dine drømme til virkelighed (2017)

Sådan ændrer du din vibration på 100 dage (2017)

Indledning

Fra hånden til ånden siges det.

Hvorfor er det så virksomt et redskab at sætte pen til papir? Det er der flere årsager til. At skrive dagbog om dine tanker og følelser, er en af de mest effektive metoder til at skabe større forbindelse med dig selv og med dine drømme, længsler og følelser.

Det er en helt igennem vidunderlig måde at lære dig selv bedre at kende, og til at komme tættere i kontakt med hvad du dybest inde drømmer om og ønsker dig.

Hvordan kommer du i gang med at skrive dagbog?

Det første trin er, at du skal undgå at overtænke det. Hold det enkelt. Det du skriver er kun til dig selv og til din egen udvikling, så det er unødvendigt at gå op i stavning og kommatering mv.

For rigtig mange mennesker er det en hurdle at skulle overvinde. Mange ender med at overtænke processen, og synes at det skal være meget begavet, dybt og indsigtsfuldt, det som de skriver.

Men husk på at du skriver for dig selv – kun for dig.

For at gøre det lettere for dig at komme i gang med at skrive og reflektere over dig selv og dine drømme, så har jeg skabt denne bog med en række ideer du kan skrive ud fra.

Brug dem når du har følelsen af, at du blot sidder og stirrer på et blankt stykke papir uden at komme videre.

Om muligt så skriv hver dag, og gør det gerne som det første du gør om morgenen, inden du når at få alt for mange indtryk.

Nogle dage skriver du måske kun en halv side, eller måske bare i punktform, og andre dage flyder ordene og tankerne let fra dig og du fylder ubesværet den ene side efter den anden.

Uanset hvad så er det okay. Det er lige rigtigt og du kan aldrig gøre det forkert.

At skrive dagbog er først og fremmest en måde at skabe overblik over dine tanker, så du kan forholde dig til dem og blive bevidst om dem, så vel som at skabe en dybere forbindelse med dig selv.

En forbindelse som ofte kan forsvinde i dagligdagens travle liv og mange gøremål.

At skrive dagbog kan gøres uden de store sværdslag og det kræver meget lidt af dig. Det vil dog være rigtig godt, hvis du kan nå derhen, hvor du skriver lidt hver dag.

Sådan gør du

Find et dejligt og roligt sted, hvor du føler, du kan sidde i fred i en afslappet tilstand, mens du skriver og gerne et sted, hvor du har mulighed for at sidde uforstyrret.

Jeg bliver tit spurgt om det er okay at skrive på en computer.

Min klare anbefaling er, at du skriver i hånden.

Der sker noget fuldstændig magisk, når vi sætter pen til papir og når vi skriver i hånden. Det er som om vi integrerer det vi skriver om på et dybere plan, end når vi skriver på computeren – om end at det er noget hurtigere.

Men her drejer det sig langt fra om at være hurtig og få det overstået, det drejer sig om at forbinde dig med det, du skriver om.

Forbinde dig med dine tanker og følelser.

God fornøjelse!

Skriv en liste over dine mål for det kommende år.

Hvilket menneske vil jeg gerne udvikle mig til at være? Og hvorfor er det vigtigt for mig? Hvad vil jeg få adgang til, når jeg er det menneske, jeg ønsker at være?

Hvad er jeg mest optaget af lige i øjeblikket? Hvad giver jeg mest fokus, energi og opmærksomhed til?

Hvad er det jeg gerne vil tiltrække mere af ind i mit liv? Skriv en liste herunder.

Hvorfor vil jeg gerne tiltrække lige præcis de ting, jeg skrev på listen? Uddyb hver ting herunder. Hvorfor er det så vigtigt for mig?

Når jeg har opnået at tiltrække disse ting, hvad gør det mig så i stand til at kunne? Uddyb herunder.

Ville der være andre måder, hvorpå jeg blev i stand til at kunne gøre ovenstående, uden at tiltrække præcis den ting, som jeg selv tror, er nødvendig for at kunne det?

Hvad er det jeg gerne vil undgå at tiltrække mere af ind i mit liv? Skriv en liste herunder.

Hvordan påvirker negative tanker mit humør og mine handlinger?

Hvad frygter jeg mest i øjeblikket og hvorfor? Er det en reel frygt, eller er det en frygt, der har rødder i noget helt andet?

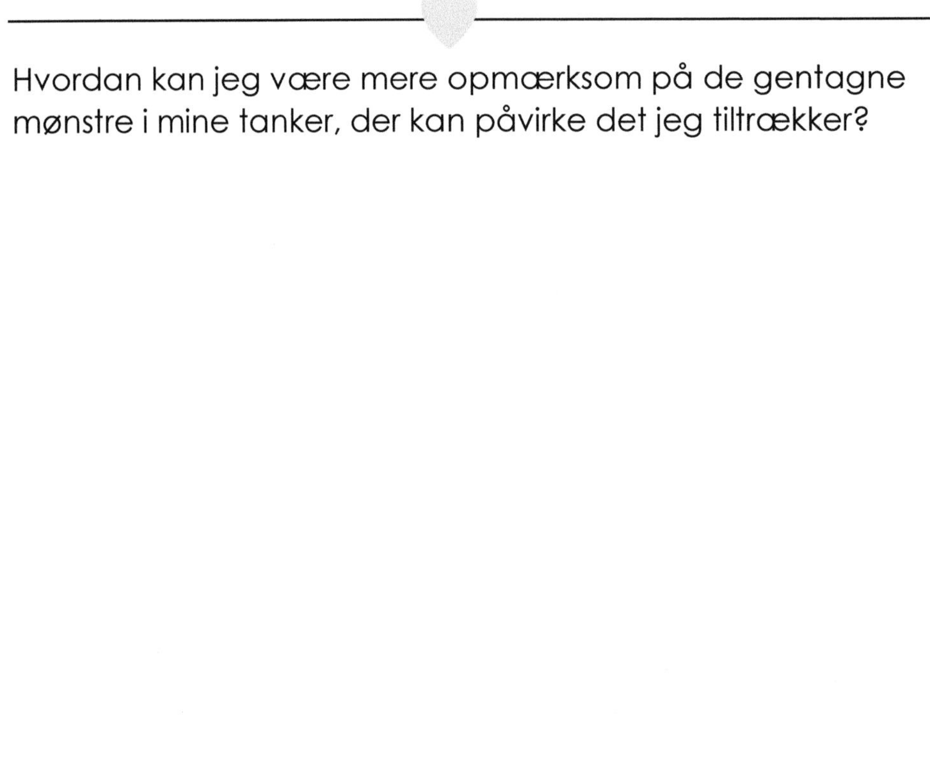

Hvordan kan jeg være mere opmærksom på de gentagne mønstre i mine tanker, der kan påvirke det jeg tiltrækker?

Hvordan kan jeg ændre mine negative tanker til mere positive og konstruktive tanker?

Hvad undgår jeg i øjeblikket og hvorfor?

Hvordan reagerer jeg på udfordringer og modstand i mit liv?

Er der mønstre i mine reaktioner på modstand, som jeg kan ændre på, så jeg lettere kan skabe forandringer i mit liv?

Hvis jeg vidste, at jeg allerede havde opnået det, jeg ønsker mig i livet, hvordan ville jeg så agere i det? Hvad ville jeg gøre? Hvordan ville mit liv være anderledes?

Hvilket liv ville jeg leve nu, hvis jeg havde været modigere?

Hvad længes jeg efter at skabe i denne fase af mit liv?

I hvilke områder af mit liv oplever jeg, at jeg står i stampe og har svært ved at komme videre? Hvad er mit bedste bud på årsagen til, at jeg har den følelse?

Hvad er jeg allerbedst til?

På hvilke områder af mit liv, er det vanskeligt for mig at åbne mig? Hvad tror jeg årsagen til dette er?

På hvilke måder kan jeg være en større hjælp?

Jeg føler mig mest forbundet med andre mennesker, når jeg ...

Jeg føler mig godt tilpas, når jeg starter min dag med at ...

Jeg føler mig godt tilpas, når jeg slutter min dag af med at ...

10 ting som jeg er taknemmelig for lige nu i dette øjeblik.

Jeg kan undgå at mærke mig selv, når jeg …

Noget jeg nødigt bryder mig om at andre ved om mig ...

Da jeg var lille, mistede jeg fornemmelsen for tid og sted, når jeg …

Jeg ville føle mig lettere, hvis jeg gav slip på …

En samtale som jeg helst ville undgå at have...

Noget som smerter mig og som jeg helst er fri for at tænke på.

Hvis andre kendte den sande mig, så ville de opdage at …

Hvilken fortælling har jeg brug for at give slip på i forhold til mine negative tankemønstre ...

Noget som jeg har udsat at gøre ...

Er der handlinger, jeg har undladt at tage, som kan bringe mig tættere på mine mål?

I dag har jeg besluttet mig for at føle mig …

På hvilke områder i mit liv lader jeg andre påvirke mine beslutninger og mine handlinger?

Hvad må jeg acceptere omkring mit liv?

Skriv et brev til en som du har såret og sig undskyld (undlad at sende brevet).

Hvor føler jeg, at jeg sidder fast i mit liv?

Et lykkeligt minde jeg har.

Hvad får mig på rette spor?

Når jeg gør det her, så føler jeg mig godt tilpas.

Hvad blokerer min viden?

Hvornår føler jeg mig elsket?

En opførsel som jeg aldrig i fremtiden vil tolerere.

Hvem inspirerer mig til at være bedre og til at blive bedre og hvorfor?

Hvornår har jeg sidst været stolt af mig selv og over hvad?

Hvor føler jeg mig mest sikker?

Hvis jeg havde muligheden for at tale med den person, som har såret mig, hvad ville jeg så sige?

Hvem kan jeg være mig selv sammen med?

Hvad får mig til at føle mig rolig?

Hvor føler jeg, at jeg hører til?

Skriv et brev til en du har mistet og fortæl vedkommende, hvad der er sket og sker i dit liv.

Jeg elsker det menneske jeg er i færd med at blive til. Det får mig til at føle mig ...

Hvad har jeg brug for at nære og gøde i mig selv lige nu?

Hvilken form for støtte har jeg brug for lige nu? Og hvordan kan jeg finde den i mig selv?

Hvis jeg fik et uventet beløb på 500.000, hvad ville jeg så bruge pengene på og hvorfor?

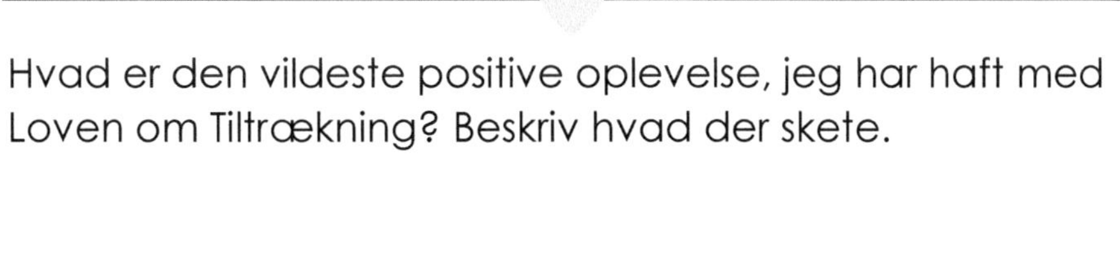

Hvad er den vildeste positive oplevelse, jeg har haft med Loven om Tiltrækning? Beskriv hvad der skete.

Når alt er muligt, hvad ville jeg så gerne manifestere lige nu i dette øjeblik og hvorfor? Hvad ville det betyde for mit liv, at få det ønske opfyldt lige nu?

Hvordan føles det i min krop, når mine vibrationer er høje? Beskriv hvordan du oplever det.

Hvordan føles det i min krop, når mine vibrationer er negative? Beskriv hvordan du oplever det.

Hvilke tanker opfylder mit sind i dag og hvorfor? Er jeg tilfreds med de tanker, eller kunne jeg tænke mig de var anderledes og i så fald, hvilke tanker ville jeg så hellere have?

Hvilke gode vaner har jeg, som jeg er glad og tilfreds med? Hvordan kan de få endnu mere plads?

Hvilke vaner har jeg i mit liv på nuværende tidspunkt, som er uhensigtsmæssige for mig? Hvad vil konsekvensen være for mig, hvis jeg bibeholder disse vaner?

Hvis jeg skal ændre på en vane, hvilken vane skulle det så være og hvad ville være den første lille bitte ting, jeg kunne foretage i retning af at skabe en forandring?

Hvilke mennesker har jeg i mit liv, som jeg sætter stor pris på og hvorfor?

Hvilke relationer har jeg i mit liv, som drœner mig og trœkker mig ned, når vi er sammen? Hvad er det prœcis ved de relationer, der påvirker mig negativt?

Beskriv en udfordring, du har overvundet, og hvad du lærte af at overvinde den.

Hvad er dine største styrker og hvordan kan du bringe dem yderligere i spil?

Hvordan kan jeg praktisere mere selvomsorg i min dagligdag?

Beskriv en situation, hvor du oplevede glæde, og hvad der forårsagede det.

Hvad kan jeg gøre i dag for at komme ud af min komfortzone?

Hvilke positive tanker kan jeg erstatte mine negative tanker med?

Hvordan kan jeg praktisere mere tålmodighed i mit liv?

Hvordan kan jeg bidrage til at gøre verden til et bedre sted i dag?

Hvordan kan jeg styrke mine relationer med andre?

Herunder er en liste over ting, der får mig til at smile.

Min største drøm er …

Det her kan jeg gøre for at komme tættere på min drøm.

For mig er succes lige med …

Jeg måler min succes på baggrund af …

Hvordan kan jeg håndtere stress på en sund måde?

Jeg følte mig stolt af mig selv, dengang jeg gjorde ...

Beskriv en situation.

Hvordan kan jeg øge min selvtillid?

Hvordan kan jeg udvikle mere empati overfor andre?

De følgende ting vil jeg gerne give slip på.

Hvordan kan jeg skabe mere balance mellem arbejde og fritid? Hvad skal der til?

Hvad er min største frygt og hvilke små skridt kan jeg tage for at overvinde den?

Hvordan kan jeg manifestere positive forandringer i mit liv?

Hvordan kan jeg praktisere mere ydmyghed i mit liv?

Beskriv en situation hvor du følte dig et med Universet eller noget der er større end dig selv?

Hvordan kan du blive mere bevidst om dine tanker og dine følelser?

Skriv en liste over ting som du gerne vil lære mere om.

Hvordan kan jeg være mere nærværende og tilstede i nuet?

Hvordan kan jeg udvikle mere tålmodighed i mine relationer?

Hvad er mine prioriteter i mit liv og hvordan afspejler de sig i mine handlinger?

Hvad er de vigtigste positive indsigter jeg har lært af mine udfordringer?

Skriv en liste over dine personlige sejrer og succeser.

Hvordan kan jeg styrke min mentale sundhed?

Hvad er mine største ønsker for min egen personlige udvikling?

Hvordan kan jeg praktisere mere medfølelse overfor andre?

Hvad er mine foretrukne måder at slappe af på?

Hvordan kan jeg udvikle mere modstandsdygtighed over for livets udfordringer?

Beskriv en situation, hvor du følte dig dybt forbundet med andre.

Beskriv en situation, hvor du følte dig i harmoni med naturen.

Hvordan kan jeg styrke min intuition og blive bedre til at lytte til mig selv?

Hvor i mit liv mangler der balance, og hvordan påvirker det min generelle trivsel?

Hvordan kan jeg skabe mere harmoni mellem arbejde, personlige forpligtelser og selvomsorg?

Er der områder i mit liv, hvor jeg investerer for meget eller for lidt energi, og hvordan kan jeg justere det?

Hvad ville der ske, hvis jeg fuldstændigt gav slip på enhver begrænsende tanke eller følelse?

Hvad sætter jeg virkelig stor pris på i mit liv lige nu?

Hvordan påvirker taknemmelighed min generelle livsglæde og tilfredshed?

Er der aktiviteter eller mennesker, der drœner min energi, og hvordan kan jeg minimere deres påvirkning?

Hvilke aktiviteter eller mennesker løfter min energi, og hvordan kan jeg bruge mere tid i denne energi?

Hvordan kan jeg tjene andre med kærlighed og medfølelse uden at forvente noget til gengæld?

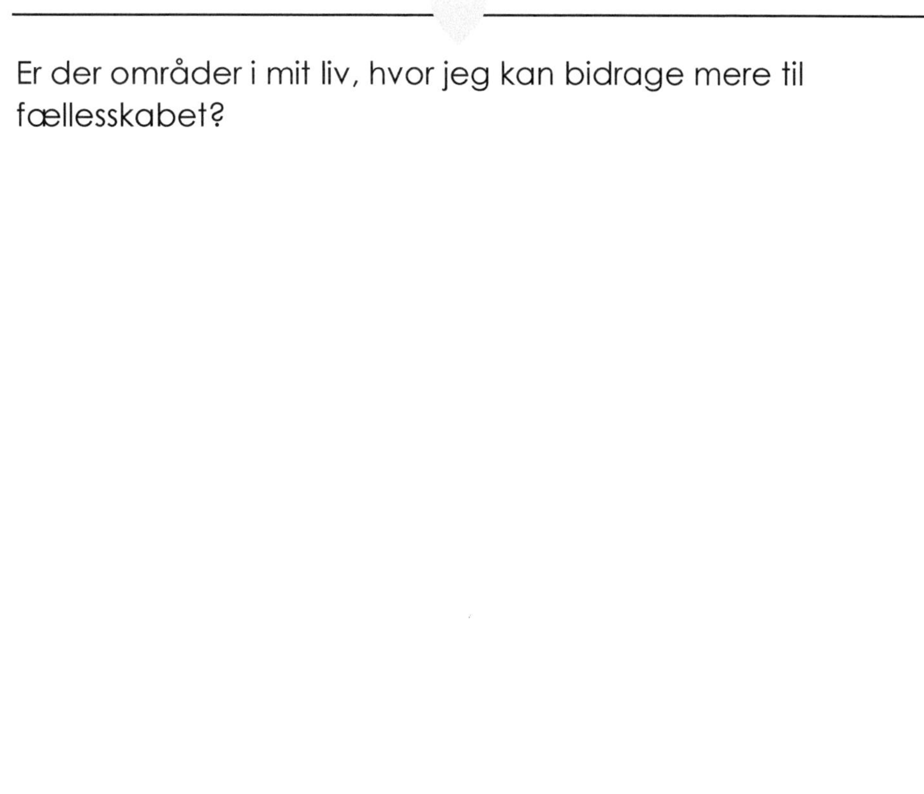

Er der områder i mit liv, hvor jeg kan bidrage mere til fællesskabet?

Hvordan påvirker mine handlinger andre, og hvordan kan jeg skabe positiv karma i mine interaktioner?

Ekstra øvelser

En meget effektiv måde at give slip på tanker fra dit inderste, som holder dig tilbage, er ved at skrive et brev. Det kan være en ven som har svigtet dig, en partner som har såret dig, en forælder som manglede at drage nok omsorg for dig, eller måske har du selv svigtet et menneske.

At skrive et brev er en fantastisk effektiv måde til at lade de følelser og tanker få en plads på papiret, hvor du har mulighed for at fortælle din side af historien. Det kan føles rigtigt godt at brænde brevet efterfølgende. Undgå at sende brevet.

Fremtidigt bevis

"Om seks måneder vil jeg elske at være, føle og gøre dette ..."

Skriv lister

Hvilke 2 ting kan du godt lide at lave, som får dig til at føle dig godt tilpas?

Hvilke 3 mennesker får dig til at føle dig godt tilpas med dig selv?

Nævn 4 steder som du gerne vil besøge.

Hvilke 5 ting vil du gerne opnå dette år? Hvilke skridt skal du tage, for at komme derhen?

Afslutning

Tillykke, kære læser,

Du har netop afsluttet en bemærkelsesværdig rejse i selvrefleksion, positiv forandring og manifestation gennem Loven om Tiltrækning.

Ved at engagere dig i de kraftfulde øvelser og skrive-udfordringer, som denne bog har præsenteret dig for, har du udover at fylde siderne i din dagbog, også fyldt dit sind med intention, fyldt dine følelser med styrke og dit hjerte med håb.

Gennem den magiske kraft, der er i at skrive i hånden, har du uden at du måske var bevidst om det, skabt en dyb forbindelse til dine inderste tanker, ønsker og drømme.

Denne praksis har mere end blot styrket dit mentale fokus, men den har også vakt en følelsesmæssig resonans i dig. En følelsesmæssig resonans som er nøglen til at åbne døren til manifestation.

I takt med at du nu har udforsket principperne i Loven om Tiltrækning, har du også indset, at dit mindset og din bevidsthed er en afgørende kraft i at forme din virkelighed, som du ønsker den.

Gennem daglig selvrefleksion og håndskrevne intentioner har du plantet frøene til positive forandringer, og nu begynder du at se de første spirer af dine ønsker folde sig ud.

Husk at denne rejse langt fra er slutningen på et kapitel, men snarere begyndelsen på en kontinuerlig rejse mod personlig udvikling og manifestation. Fortsæt med at bruge dine skrevne ord som en guide, en påmindelse om din styrke, og en dokumentation af den kraft, du har inden i dig.

Ved at integrere Loven om Tiltrækning og skrivning i din daglige praksis har du skabt et kraftfuldt anker mellem dine intentioner og universet omkring dig.

Fortsæt med at manifestere, skrive og tro på dig selv.

Din handling nu:

Gennemgå hvad du har skrevet i din dagbog, reflekter over din rejse og anerkend dine fremskridt.

Identificer eventuelle nye mål eller ønsker, der har manifesteret sig, og fejr dem.

Fortsæt med at bruge disse principper som redskaber til daglig selvudvikling.

Din invitation:

Fortsæt med at holde dig i kontakt med Loven om Tiltrækning og bliv en del af fællesskabet ved at dele dine oplevelser og fremskridt.

Brug #frahåndentilånden på sociale medier for at inspirere andre og skabe forbindelse med ligesindede, der deler din passion for personlig udvikling.

Tak for at være dedikeret til din egen udvikling. Din rejse vil blive en kilde til inspiration for mange andre.

Eventyret venter derude.

Bettina Møller Jensen – ekspert i Loven om Tiltrækning

Om Bettina

Bettina Møller Jensen er ekspert i Loven om Tiltrækning og visionboards. Bettina hjælper mennesker og virksomheder med at tiltrække mere af det, de ønsker og mindre af det, de ikke ønsker.

Oprindeligt er Bettina uddannet cand.ling.merc. i engelsk, med bestalling som Tolk og Translatør, og arbejdede i en lang årrække i den finansielle sektor, blandt andet som leder.

Via coaching og undervisning hjælper Bettina mennesker med at opnå mere frihed, handlekraft og glæde i livet ved at mestre Loven om Tiltrækning.

Bettina har undervist i tusindvis af mennesker i, hvordan man bruger Loven om Tiltrækning bevidst til at tiltrække og skabe det liv, man ønsker sig.

Som den eneste i Danmark er Bettina: Certified Law of Attraction Facilitator, og hun er kendt for at gøre Loven om Tiltrækning konkret og let at forstå.

Du kan få kontakt med Bettina på de fleste sociale platforme. Hvert sted deler Bettina forskelligt indhold, som hjælper dig i dit arbejde med Loven om Tiltrækning.

Hjemmeside: www.bettinamollerjensen.dk

Instagram: @bettina.moeller.jensen

YouTube kanal: Bettina Møller Jensen – Loven om Tiltrækning

Facebook: Loven om Tiltrækning – Bettina Møller Jensen

Egne noter:

Egne noter:

Egne noter:

Egne noter: